Крыса

Китайский Гороскоп

2024

Алина А. Руби и Анжелина Руби

Введение

Китайский календарь - древний и сложный, он никогда не был упрощен. Во многих культурах лунный календарь заменялся солнечным.

Китайский, исламский и еврейский календари управляются лунными фазами. Это сложная система, поскольку они управляются не только лунными циклами, но и включают в себя солнечный цикл, цикл Юпитера и Сатурна.

Китайцы считают, что универсальная энергия управляется балансом. Важнейшим элементом этого баланса является концепция Инь и Ян. Инь противоположна Ян и наоборот, но вместе они достигают полного равновесия. Эта энергия присутствует во всем сущем, как в материальном, так и в нематериальном.

Символ Инь/Ян разделен на две половины, одна из которых черная (Инь), а другая белая (Ян). Обе части соединены посередине эллипсом, который соединяет их вместе, образуя кривую. Их черный и белый цвета означают, что существует дуализм, и для того, чтобы существовало одно, необходимо, чтобы существовало и другое. Внутри Инь находится круг Ян, который символизирует, что тьма всегда требует света. Внутри Ян находится круг Инь, указывающий на то, что внутри света всегда найдется тьма.

Объединяющий их эллипс означает, что все течет, трансформируется и развивается. При дисбалансе двух энергий, Инь или Ян, наша жизнь не сбалансирована, так как вместе они усиливают друг друга. Мы никогда не должны думать, что одна энергия превосходит другую, они должны совпадать в равной степени.

К сожалению, в нашем обществе существует тенденция отдавать предпочтение энергии Ян, считая, что ее характеристики наиболее значимы. Тем самым мы создаем разделение между духовным и материальным планом, поскольку, снижая значение энергии Инь, мы становимся менее рефлексивными, считая, что восприимчивость — это нечто негативное, так как подразумевает хрупкость.

То же самое происходит и с темнотой, мы не только избегаем ее, но и боимся ее. Обе энергии важны. Мы можем быть духовными существами только тогда, когда существует баланс между Инь и

Ян, потому что вы не только светлые, но и темные. Ошибочно ценить и отдавать предпочтение сильному, или действию. Мы должны ценить женское начало и чувствительность, потому что только так мы можем достичь истинного равновесия нашего существа, с позиции любви и твердости.

В знаках китайского зодиака присутствуют энергии Инь и Ян, и именно они определяют характеристики каждого животного и связанные с ними стихии.

Циньская энергия связана с темным, холодным, женским началом, абстракцией, глубиной и Луной. Июньские знаки вдумчивы, чувствительны и любопытны. Это окси, Кролик, Змея, Коза, Петух и Свинья.

Энергия Ян связана со светом, теплом, поверхностностью, Солнцем и логическим мышлением. Это

импульсивные и материалистичные
знаки. Это Крыса, Тигр, Дракон, Лошадь,
Обезьяна и Собака.

Энергии Инь и Ян связаны со стихиями,
которые, в свою очередь, будут вытекать
из годов, в которые они происходят.
Каждый элемент обладает энергией Инь
и Ян.

- Годы, оканчивающиеся на цифру **0,**
  имеют элемент Металл и связаны с
  энергией Ян.
- Годы, оканчивающиеся на цифру **1,**
  имеют элемент Металл и связаны с
  энергией Инь.
- Годы, оканчивающиеся на цифру **2,**
  относятся к стихии Воды и связаны
  с энергией Ян.
- Годы, оканчивающиеся на цифру **3,**
  относятся к стихии Воды и связаны с
  энергией Инь.

- Годы, оканчивающиеся на цифру **4,** имеют элемент Дерево и связаны с энергией Ян.
- Годы, оканчивающиеся на цифру **5,** имеют элемент Дерево и связаны с энергией Инь.
- Годы, оканчивающиеся на цифру **6,** имеют стихию Огня и связаны с энергией Ян.
- Годы, оканчивающиеся на цифру **7,** имеют стихию Огня и связаны с энергией Инь.
- Годы, оканчивающиеся на цифру 8, имеют элемент Земли и связаны с энергией Ян.
- Годы, оканчивающиеся на цифру **9,** имеют элемент Земли и связаны с энергией Инь.

Общие предсказания на год Дракона

10 февраля 2024 года начинается сенсационный Год Зеленого Деревянного Дракона, который, согласно китайской астрологии, символизирует жизнь, перемены и рост. Связанная с ним планета - Юпитер, планета благотворная; мы будем пожинать плоды, посеянные в 2023 году.

Год Дракона в 2024 году принесет нам удачу, процветание, благополучие и прогресс. У нас будет много возможностей для роста и трансформации, но также и вызовов, и сложностей, что подчеркнет необходимость прощения, сопереживания и принятия мирных решений.

В годы, когда стихией является дерево, жизнь вознаграждает людей общительных и профессиональных. Получение высшего образования или путешествие — вот некоторые из возможностей этого года.

У нас будет возможность развить свои лидерские качества, это год новых начинаний и создания структур, которые сохранятся надолго. Этот год Дракона благоприятен для перемен и роста, поскольку энергия деревянного дракона способна вдохновлять на новаторские идеи и возвышать наше воображение.

Нам предстоит пережить несколько этапов, которые будут полны трудностей, но именно в эти моменты мы должны использовать энергию дракона, чтобы добиться успеха и преодолеть трудности. В этом году не забывайте, что дракон олицетворяет перемены и адаптивность - характеристики, которые помогут нам расти и обновляться.

2024 год будет насыщен возможностями для развития, мы переживем множество политических, экономических, реляционных и экологических конфликтов, что подчеркнет, что мирные решения — это ответ на любую проблему.

Этот год будет стимулировать нас к новым делам и развитию предпринимательства, так как энергия Дракона, его качества смелости и амбициозности будут вдохновлять нас.

 У нас разовьются многие адаптационные способности, а терпение и настойчивость позволят преодолеть все невзгоды и продвинуться к триумфу. Этот год также благоприятен для работы над своим духовным ростом, особенно важно сохранять концентрацию на поставленных целях.

В целом, это будет год позитивных перемен и значительных достижений в нашей жизни, когда мы сможем найти любовь, укрепить отношения, добиться экономического и духовного процветания.

Происхождение китайского гороскопа

Китайский гороскоп — это традиция, насчитывающая более 5000 лет и основанная на лунных годах.

По преданию, Будда призвал всех животных, однако на его призыв явились только двенадцать в следующем порядке: крыса, бык, тигр, кролик, дракон, змея, лошадь, коза, обезьяна, петух, собака и свинья.

Каждое животное получало в подарок год, образуя двенадцатилетний цикл, используемый в китайской астрологии. Таким образом, каждый знак имеет название животного, и каждому животному соответствует свой год.

Каждому животному также была присвоена одна из пяти стихий, соответствующих планетарным энергиям:

- вода (ртуть)
- металл (Венера)
- огонь (Марс)
- дерево (Юпитер)
- Земля (Сатурн)

Китайский гороскоп выражает аналогию космических энергий с каждым человеком. Поэтому энергия каждого человека представлена одним из двенадцати животных, образующих эту зодиакальную систему.

Каждое животное и соответствующая ему энергия определяются датой вашего рождения. Эти энергии определяют ваше поведение и восприятие мира. Для китайцев эти знаки символизируют наиболее яркие особенности нашего характера. Чтобы правильно понять значение животных, мы должны рассматривать их как духовные символы.

Китайский гороскоп не основан на солнечном цикле, на котором базируется западный гороскоп. Он основан на циклах Луны. Каждый лунный год имеет двенадцать новолуний, а каждые двенадцать лет - тринадцатое, поэтому новый год никогда не совпадает с датой предыдущего года.

Двенадцать животных китайского гороскопа влияют на жизнь, удачу и волю всех людей. Эти качества не проявляются открыто в повседневной жизни, но они всегда присутствуют, действуя в виде скрытых сил.

Китайский период в двенадцать лет связан с транзитом планеты Юпитер, и каждый китайский лунный год в западной астрологии соответствует продолжительности транзита Юпитера по знаку зодиака. В западной астрологии Юпитер всегда находится в том знаке, который традиционно соответствует животному в китайском гороскопе.

Ваш Восходящий согласно китайскому гороскопу.

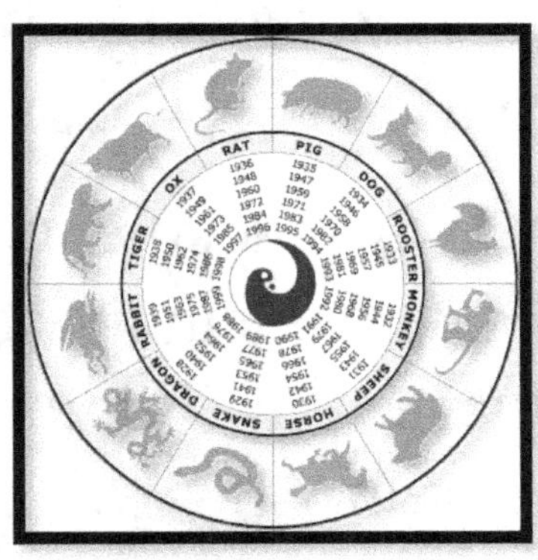

Наряду со знаком китайского гороскопа у вас есть Восходящий, определяемый временем вашего рождения.

Это животное будет оказывать сильное влияние на образ, который Вы создаете для окружающих, и на события Вашей жизни. Вам также следует прочитать гороскоп для животного, которое представляет ваш Восходящий.

Этот знак Восходящий символизирует энергию, которую вы

можете развить, и характеристики, которые, приложив усилия, вы можете приобрести. Именно поэтому иногда мы обладаем качествами, отличными от тех, которые относятся к нашему знаку.

В китайском гороскопе определить свой Восходящий удивительно просто, единственные данные, которые необходимы — это время рождения.

Время рождения каждого восходящего знака

11.00 до 12.59 Крыса

1.00–2.59 – Бык

с 3.00 до 4.59 утра.

5.00–6.59 – Кролик

С 7.00 до 8.59 Дракон

9.00–10.59 Змея

С 11:00 до 12:59 Конная

1.00–2.59 Коза

с 15.00 до 16.59 Обезьяна

17.00–18.59 Петух

с 7.00 до 20.59 Собака

9.00–22.59. Свинья

Комбинации Восходящий ом и Знаков.

Восходящий Крысы

Крыса Восходящий Крыса.

Они родились с 11 часов вечера до 1 часа ночи. Это очень дружелюбные со всеми люди, хотя иногда они бывают индивидуалистами и материалистами. Они с энтузиазмом относятся ко всему, что их интересует.

Крыса Восходящий Бык

Они родились с часа ночи до трех часов утра. Это очень сдержанные и рассудительные личности. Они производят впечатление ранимых, но внутренне сильны и дисциплинированны.

Тигр, Восходящий крысу.

Они родились с трех часов ночи до пяти утра. Они строги, и жить с ними трудно. Они капризны и упорны. Они любят приключения и постоянно затевают новые проекты.

Крыса Восходящий Кролик

Они родились с 5 до 7 часов утра. Они добиваются успеха благодаря своему озорству и таланту. У них хорошая деловая удача и хорошая интуиция.

крыса Восходящий дракон

Они родились с 7 до 9 утра. Они лидеры высшего класса. Они

преуспевают во всем, за что берутся. Они обладают бесконечной энергией.

Крыса, Восходящий Змея.

Они родились с 9 до 11 часов утра. Они интуитивны и осторожны. Однако они умеют избегать опасностей. Они всегда выходят победителями.

Крыса, Восходящий лошадь.

Они родились с 11 часов утра до 13 часов дня. Они полны энтузиазма и импульсивны. Но они умеют добиваться своего в любых ситуациях.

Крыса Восходящий Коза.

Они родились с 13:00 до 15:00. Это радушные и дружелюбные личности. Они любят вечеринки. Они позитивны, но со зависимы.

Крыса, восходящий обезьяна.

Они родились с 15 до 17 часов. Они предприимчивы в бизнесе. Они постоянно думают о том, какой следующий шаг они должны сделать.

Крыса, восходящий Петух.

Они родились с 17 до 19 часов. Они хорошие продавцы и обладают очень подвижным умом. Хотя они зарабатывают много денег, но не умеют ими распоряжаться, и вскоре они у них заканчиваются.

Крыса, восходящий собака.

Они рождаются с 7 до 9 часов вечера. Они посредники и филантропы. В бизнесе они честны. Люди ценят их за верность.

Крыса Восходящий Свинья.

Они рождаются с 21 до 23 часов. Они самодостаточны, немного отшельники и не прочь поработать на себя. Они миролюбивы.

Китайский элемент года 2024, Дерево

Элемент 2024 года - дерево. Дерево - творческий элемент. Если этот элемент соответствует вам по году рождения, то вам следует направить эту энергию в творческое русло. Дерево символизирует сострадание и терпимость. Если вы хотите воспользоваться этими энергиями, важно в течение всего года окружать себя натуральными растениями, цветами и зелеными предметами.

Дерево - элемент, связанный со способностью проектировать и принимать решения, поэтому 2024 год будет годом развития, эволюции и расцвета.

Этот элемент связан с пищеварением, дыханием, сердцем и обменом веществ, и в традиционной китайской медицине он гарантирует непрерывный энергетический поток. Применительно к чувствам это означает правильное выражение наших эмоций.

В течение 2024 года дерево поможет нам обрести осознание и понимание объективной реальности. Оно принесет нам твердость и эмпатию в отношениях. Дерево, будучи связанным с нашей личностью, принесет нам необходимую дозу энтузиазма, решительности и динамизма, чтобы мы могли действовать и противостоять всем вызовам этого года.

Дерево - элемент, необходимый нам в этом году для принятия необходимых решений, для перемен, которые крайне важны. Благодаря этому элементу у нас будут правильные стратегии, способность организовать и сохранить контроль над всеми процессами, но при этом мы сохраним гибкость.

Значение стихий в китайском гороскопе

Металл

Люди, родившиеся в годы, оканчивающиеся на 0 или 1 в китайском гороскопе, относятся к стихии металла. Металл, материал, из которого делают щиты и мечи, — это элемент, символизирующий твердость и честность, а также суровость.

Металл - элемент осени, сезона урожая и изобилия. Он двойственен, как и функции его стихии, поскольку в виде меча он ликвидирует, а в виде ложки -

питает. Металл происходит из земли, в нем доминирует Огонь, и он преображает дерево.

Личность этих людей, относящихся к стихии металла, имеет ярко выраженную амбивалентность. Лучше всего им работается в одиночестве, так как они ни перед кем не отчитываются.

Они целеустремленные, творцы своей судьбы, упрямые, профессиональные, равнодушные к любым попыткам компромисса. Свобода для них превыше всего, и бесполезно пытаться на них давить, а тем более помогать им, потому что они никого не слушают и не приемлют назойливости и препятствий. Они полагаются только на себя и не позволяют никому произвести на себя впечатление, поскольку они сильны и способны совершать великие дела.

Для них не существует трудностей, которые могут их остановить, и даже если ситуация становится несостоятельной, они сопротивляются до конца. Они амбициозны и расчетливы, любят деньги, власть и успех, и для достижения своих целей не пожалеют никаких средств, даже если это будет означать разрыв отношений.

Они предназначены для профессий, позволяющих проявить свою стихию: ювелиров, финансистов, страховщиков любого рода, слесарей, шахтеров, хирургов, а также для любого контекста, позволяющего выделиться среди других.

Они также могут быть успешны в профессиях, связанных с деревом или бумагой. Профессии, связанные с водой, принесут им пользу, с землей могут вызвать конфликты, а от профессий, связанных с огнем, следует держаться подальше.

Их не интересуют чувства, их не трогают трудности других людей, и они манипулируют ими, если могут получить преимущество. Страдают от этого именно люди стихии дерева, поскольку она манипулирует ими и подавляет их лобовой агрессией. Однако люди водной стихии, поскольку они восприимчивы, получают эффективный толчок, который приносит им огромную пользу.

Единственные, кто действительно может их согнуть, — это люди, принадлежащие к стихии Огня, так как они с заразительной эмоциональностью доминируют над их бесчувственностью и суровостью.

Физически человека стихии металла можно узнать по его печальному виду и анемичному цвету лица.

 Это хрупкое, склонное к стрессам животное, на которое могут повлиять перепады температуры и неправильное питание. Поэтому необходимо стимулировать их аппетит, делая упор на острые блюда.

Наиболее благоприятное время года для них - осень, в этот период они могут максимально раскрыть свои потенциальные возможности, но это не значит, что они должны переусердствовать или упрямиться. Ему следует носить белую одежду, использовать в качестве амулетов металлы и белый кварц.

Металл - жесткий и непреклонный, не боится опасности. Это независимый тип личности, который, движимый жадностью, действует настойчиво, концентрируется на успехе, планирует, не приемлет спонтанного.

Приняв однажды выбранный путь, он уже не меняет его. Несмотря на внешнюю невосприимчивость, люди этой стихии излучают магнетизм, который воспринимается всеми, с кем они общаются.

Однако, чтобы воспользоваться своими навыками, они должны научиться быть менее догматичными, так как это мешает их взаимоотношениям.

Люди, родившиеся под знаком металла, должны воспитывать себя, чтобы уметь выражать свои эмоции. Если они этого не сделают, то почувствуют, что их энергия уменьшилась.

Земля

Люди, родившиеся в годы, оканчивающиеся на цифры 8 или 9, относятся к стихии Земли. Этой стихии соответствуют такие характеристики, как стойкость, упорство и плодовитость. Хотя в китайской астрологии Земля не имеет собственного сезона, в календаре она связана с последними двумя-тремя неделями других сезонов.

 Земля - стихия, олицетворяющая стабильность и осязаемость, но при избытке она превращает людей в осторожных, подозрительных и упрямых, ограничивая их инициативы и фантазии.

Человек стихии Земли терпелив и скромен, всегда работает с постоянством, не давая себе ни секунды на радость или расстройство. Он никогда не устает и, может быть, как жадным и материалистичным, так и наивным и благоразумным.

Самая несомненная его черта - подчеркнутое уныние. Он слишком серьезен, любит планировать и руководить, ужасно боится случайностей, и, хотя он умен и обладает исключительной памятью, ему мешает выглядеть блестяще.

Ненасытно рефлексирующий, амбициозный и тревожный, он, таким образом, подвержен перезарядке селезенки - органа, связанного с этой стихией и ослабленного при резкой психике человека.

Человек, принадлежащий к этой стихии, завязывает личные отношения постепенно, но надолго. Он очень предан и защитник в любви, всегда готов заключить договор и выполнять свои обязанности, и, хотя он не демонстративен в своих эмоциях, является плечом, на которое всегда можно рассчитывать, потому что он будет рядом в те моменты, когда вам это необходимо.

В работе они серьезны и уединены, но при этом организованны и надежны. Это именно те люди, которые ведут дела с моралью, строгостью и несгибаемой честностью. Рассудительность делает их непревзойденными посредниками в решении проблем, способствуя своим практичным и удобным выходам. Они подходят для профессий, требующих сноровки, но не предполагающих инициативы и лидерства.

Хотя ее нелегко переносить из-за капризности, ностальгии и неумения быть жизнерадостной, она хорошо взаимодействует с элементом металла, которому придает стабильность, и с водой, которую ей удается сдерживать и умело управлять.
Обычно он конфликтует с элементом Дерева, который хотя и защищает его, но иногда и душит, а также с Огнем, который подгоняет его в той же мере, в какой и ослабляет.

Элемент земли связан с планетой Сатурн. Вы должны быть невероятно осторожны с потреблением сладостей - того, что Вы любите, поскольку это связано с Вашей стихией.

Они должны всегда выбирать натуральные сладости и ограничивать употребление белого сахара, так как он разрушает кальций в костной системе. Другим слабым местом этого животного является пищеварительная система,

которая обычно сильно наказывает его, поэтому следует придерживаться легкой и легкоусвояемой диеты.
Рекомендуется искать прямой контакт с Матерью-Землей, ходить босиком по песку или в поле.

Его счастливый цвет - желтый, а кварц - топаз и цитрин.

Земля олицетворяет богатство, разумность, материализм и безопасность. Эти люди склонны к интроспекции, что обусловливает их высокую способность к рассуждениям.

Земля - вместилище жизни, и это накладывает неизгладимые печати на тех, кто родился под влиянием этой стихии, поскольку это стабильные люди, которым можно делегировать полномочия.

Земля питается огнем, вырабатывая огромную энергию, которая нагревает и плавит металл, подчиняет себе воду и может поглотить дерево.

Чтобы чувствовать себя хорошо, человеку стихии Земли необходима материальная обеспеченность, хотя следует отметить, что они трудолюбивы, формальны и организованны. Их можно упрекнуть в претенциозности, но в силу своих достоинств они продвигаются к цели медленно, получая стабильные результаты.

Пожар

Люди, родившиеся в годы, оканчивающиеся на 6 или 7, соответствуют стихии огня. К этой стихии относятся страсть, смелость и лидерство.
Стихия огня — это стихия летнего сезона, когда все плодоносит и достигает своего завершения.

Он связан с планетой Марс, благотворной, но иногда импульсивной. Она неумеренно стерильна и символизирует человека, который преуспевает, но при этом плохо обращается с другими. Бойкий, тщеславный, раздражительный, человек этой стихии переходит от гнева к безудержной радости.

С детства обладает лидерскими качествами, в его жизни присутствует честолюбие, он любит опасности, смех, энтузиазм, конфликты.

Трудности не отталкивают его, а побуждают к действию, и в этих случаях с ним происходят бурные метаморфозы.

Эти люди рождены побеждать, но не умеют этого признать, потому что не умеют наблюдать за собой и использовать свою энергию. Они великолепны в военной сфере, в спорте, в качестве начальников, так как другие гибнут перед их харизмой. Они умеют использовать энергию стихии дерева, ставя ее гений себе на службу, и вызывают у людей стихии земли жизненную смелость двигаться вперед.

Люди водной стихии склонны гасить свою страсть, а люди металлической стихии подвергают ее испытанию жесткостью, истощающей их энергетическое поле.

Наиболее легко повреждаемым органом у этих людей является сердце, возможна тахикардия. Кроме того, они могут страдать от проблем с ушами и кишечником.

Следует носить одежду ярких цветов, среди которых преобладает красный, а в качестве амулетов использовать кварц - гранат, гематит. Также следует использовать благовония и свечи.

Эти харизматичные, энергичные и беспринципные люди хорошо общаются и нацелены на действие. Их эгоизм и стремление к успеху не поддаются исчислению, и они полагаются только на собственное мнение.

Они склонны пренебрегать деталями, так как иногда проявляют упрямство и берутся за достижение целей, требующих напряженной работы.

Люди, рожденные под влиянием стихии огня, позитивны, всегда отдают все силы и с любовью и желанием берутся за любое дело. Их энергия служит для поддержания окружающих, которым ее не хватает.

Огонь обогревает жилище, позволяет готовить пищу. Этот элемент питает землю через пепел, он питается сухим деревом, то есть древесиной, его тепло доминирует над металлом, то есть делает его гибким, а доминировать над ним может только вода.

Лидер всегда обладает избытком стихии огня и склонен к быстрому принятию решений. Его привлекают нестандартные идеи, он не боится опасности и всегда находится в движении.

Важно научиться обладать эмоциональным интеллектом, потому что высокомерие может усилить ваш эгоизм и сделать вас неуправляемым, особенно когда вы сталкиваетесь с препятствиями.

Этот само разрушительный стиль ярко выражен в юности.

Успех сопутствует людям огненной стихии, но им следует быть слишком осторожными с нестабильностью и неугомонностью, которые являются наиболее типичными недостатками рожденных под огнем. Лучше овладеть этими недостатками, чтобы не оказаться в их рабстве.

Им следует искать тихое место, где они могут побыть в покое, а медитация также принесет им равновесие.

Люди стихии огня упорны и прибыльны.

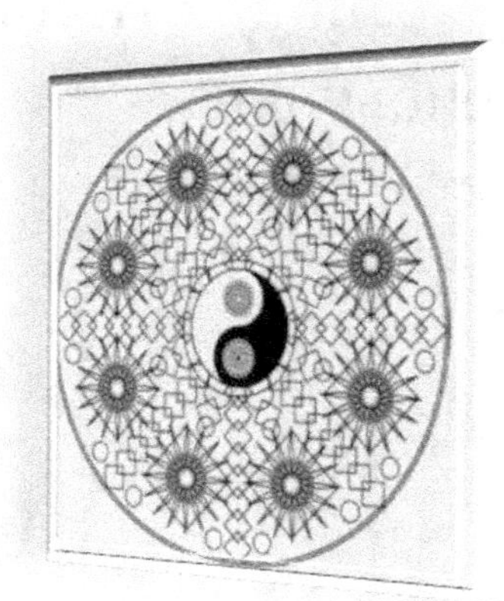

Дерево

Люди, родившиеся в годы, оканчивающиеся на цифры 4 или 5, относятся к стихии дерева. Дерево — это элемент, символизирующий гармонию, красоту и творчество. Они обладают чрезвычайно высокой степенью уверенности в себе и железной волей, что делает их подходящими людьми для борьбы за правое дело.

Дерево связано с планетой Юпитер, это самая благотворная из стихий, символ постоянства и знания.

Приспосабливаемое, оно удобно гнется и имеет множество применений, характеризуя общительных, дающих и честных людей.

Люди стихии дерева творческие и жизнелюбивые, но иногда они разбросаны и не могут найти свой путь и реализовать свои цели.
Они доверяют другим до невинности и любят общаться со всеми подряд, постоянно открывая для себя что-то новое и удовлетворяя себя. Их привлекает природа и дети, они отдают предпочтение семье.
Иногда они склонны к неоправданным ожиданиям, имеют привычку принижать свое тело, чрезмерно налегать на еду, увлекаться страстью и чувственностью.
Они привыкли выбирать себе в партнеры представителей водной стихии, от которых черпают смелость и поддержку, и представителей огненной стихии, которых они выгодно снабжают своими блестящими идеями.

Он не очень хорошо уживается с металлическим элементом, который безжалостно его разрушает.
Элемент Дерево узнаваем по зеленоватому цвету. Этим людям следует беречь глаза.

Дерево используется для строительства убежищ, поэтому оно защищает нас. Дерево совпадает с творческим потенциалом воды, и благодаря этому качеству они понимают и помогают другим.

 Рожденные под стихией дерева испытывают внутренние противоречия, заставляющие их подчиняться правилам и традициям, где постоянно действует суровое осуждение. Эта стихия питает воду и в то же время является топливом для огня. Ее энергию всасывает земля и подчиняет себе металл.

Люди стихии дерева всегда добиваются больших успехов и обладают желанной структурой. Их призвания многогранны. Они придают огромное значение честности, стремятся найти постоянное место в жизни. Вера в успех и аналитические способности дают им возможность без колебаний решать самые сложные задачи. Обладая невероятной силой убеждения, они работают во многих сферах, поскольку всегда нацелены на развитие и преобразование.

Природная воля помогает им двигаться вперед, они всегда находят поддержку и необходимый капитал, поскольку другие люди рассчитывают на их способность превращать идеи в богатство.

Его главное препятствие - доводить дело до крайности. Гнев и сдерживаемый гнев отрицательно влияют на энергии этого элемента. Нахождение вблизи деревьев и прикосновение к ним уравновешивает стихию дерева.

На работе люди, принадлежащие к стихии дерева, отличаются организованностью, умом и находчивостью. В коммерческой деятельности они более плодотворны, когда работа носит командный характер и хорошо структурирована.

Ни одна сфера деятельности, связанная с их стихией, не является неблагоприятной, но та, что связана с огнем, может повлиять на них, а та, что связана с металлом, погубит их.

Вода

Самый нечувствительный и генетический элемент, аффинный к зиме, долголетию и планете Меркурий, является управителем общения и глубоких привязанностей.

Человек водной стихии чувствителен, но герметичен. Он милосерден, сентиментален, раним, не терпит критики и поэтому предпочитает действовать скрытно, чтобы защитить себя.

Он сердечен, красноречив и в то же время благоразумен, умеет преодолевать неудачи без показухи, с хитростью, проницательностью и настойчивостью. Таким образом, он достигает своих целей косвенно и молча, производя впечатление внимательного и понимающего человека.

Недостаток энергии - проблема для водного элемента, если он не научится уравновешивать свою беспомощность силой, которая приходит от размышлений и общения с самыми глубокими частями своего существа. Паника всегда является путеводной нитью его драматической жизни, часто прожитой в темноте из-за страха проявить себя и вступить в борьбу.

На профессиональном уровне они стесняются конкуренции, однако хорошо работают в чистых и защищенных местах, таких как школы, книжные магазины, редакции или любые места, где общение, устное или письменное, является основным механизмом, и в компании мирных коллег, которые соответствуют их личности, например, кто-то из стихии дерева, с которым совпадает стремление к мудрости, или металла, от которого они получают решение.

И наоборот, он не приспосабливается ни к представителям стихии огня, которых он гасит и отталкивает, ни к людям, принадлежащим к стихии земли, с которыми он чувствует себя ограниченным, обусловленным и затрудненным.

Черный цвет благоприятствует им, но использовать его следует умеренно, поскольку он, как правило, отпугивает их. То же самое происходит с темными кварцами, которые привлекают удачу, такими как джет, оникс, турмалин.

Чтобы максимально использовать свои качества, не впадая в крайности и не распыляясь, человеку водной стихии следует начинать свои планы зимой.

В позитивные периоды любовных отношений представители этой стихии проявляют нежность, уравновешенность и осторожность - потенциалы, позволяющие им вести себя с необходимой проницательностью, чтобы устранять причины конфликтов, когда они возникают.

Они обладают невероятной способностью к рассуждениям, хотя их замкнутый, глубокий и пасмурный характер приводит к тому, что они склонны к меланхолии. Им также свойственны неуверенность в себе и дерзость. Творчество - одна из основных характеристик этой стихии, а также адаптация, мягкость, милосердие и сочувствие. Без воды на земле не было бы живых существ, эта стихия чиста и кристальна, какими качествами обладают представители этой стихии.

Люди, принадлежащие к этой стихии, приветливы и прекрасно владеют собой. Они обладают оригинальной интуицией, которая позволяет им быстро завоевывать. Выносливость и ясность мышления дают им возможность предсказывать события.

Они могут воспринимать способности других людей, эффективно их использовать, но при этом они сдержанны и не позволяют окружающим заметить, что они их используют.

Злоупотребление натрием или алкалоидами, а также жизненные прототипы, отклоняющиеся от общепринятых структур, очень вредны для людей, рожденных под стихией воды.

Соблюдение режима сна, спокойное психическое и эмоциональное состояние, общение с водой восстанавливают гармонию и оптимизируют энергетику.

Люди, принадлежащие к знаку водной стихии, могут иметь профессии, связанные с деревом и огнем, и быть успешными, иметь работу, связанную с их собственной стихией, и отказываться от карьеры, функций и работы, связанных с землей, так как земля подчиняет себе воду.

Совместимость и несовместимость

Они совместимы:

Крыса - Дракон - Обезьяна.

Они общаются друг с другом через свои личности, которые постоянно активны и дружелюбны. Все трое стремятся к цели, нетерпеливы, полны энтузиазма, неугомонны и всегда имеют высокие устремления.

 Они полны идей, обладают выдержкой и смелостью для их реализации и всегда предлагают инновационные, неожиданные, удивительные и мощные решения.

Тигр - Лошадь - Собака.

Их объединяет удовлетворение, которое они испытывают при взаимодействии. Их объединяет скромность, достоинство, честность и упрямый альтруизм. Проницательные, проницательные и коммуникабельные, но немного жестокие и строгие, они энергично борются с неравенством, насилием и беззаконием. Эти три знака никогда не продают свою совесть.

Окси - Змея - Петух.

Эти три знака объединяет формальность, разумность и серьезность, которой они добиваются в своей жизни. Энергичные, предприимчивые и неутомимые, негибкие в своих решениях, они любят все переосмыслить и спокойно спланировать, прежде чем брать на себя обязательства, о которых потом придется пожалеть.

Их недостаток - холодность, поскольку для них разум должен преобладать над эмоциями.

Кролик - Коза - Свинья.

Три эмоциональных знака, которых объединяет творчество. Инстинктивные, восприимчивые, чувствительные и замкнутые, они легко приспосабливаются к среде обитания и, будучи хорошими добытчиками, не прочь зависеть от других. Их ежедневные аффирмации всегда содержат в себе слова: совершенство, союз, соответствие.

Примечание: Противоположные знаки - противоположные враги:

Крыса - Лошадь

Окси - Коза

Тигр - Обезьяна

Кролик - Петух

Дракон - собака

Змея - Свинья.

Характеристики сайта а Крыса

Характеристики

Крысы - проницательные животные. Они умеют разумно преодолевать трудности, даже если постоянно в них запутываются. Они проницательны, поскольку манипулируют обстоятельствами в своих интересах.

Они склонны к насилию, пытаются быстро достичь своих целей, сосредотачиваясь на том, чтобы довести дело до конца, даже если это означает причинение страданий или страданий другим людям.

На работе ваши коллеги будут чувствовать себя очень беспомощными, потому что не смогут работать в вашем темпе, и даже если это не входит в ваши планы, вы наживете себе много врагов. Вы будете стремиться занять самые важные позиции в компании. Ничто не остановит Вас, у Вас не будет никаких угрызений совести, потому что Ваш успех — это приоритет.

Деньги - главное в их жизни, они все превращают в деньги, в том числе и свои художественные произведения, поскольку имеют склонность к творчеству. С друзьями возможны разногласия из-за присущей им агрессивности.

В любви Крысы без проблем проявляют свою привязанность, хотя они скорее импульсивны, чем романтичны. Если другой человек не отвечает взаимностью, они будут пытаться добиться своей любви любыми способами.

Несмотря на бережливость, их сила притяжения имеет огромную власть над окружающими, поэтому они никогда не испытывают недостатка в поклонниках. Человек, принадлежащий к знаку Крысы, выглядит замкнутым, но это не так. Человек этого знака очень общителен и любит вечеринки.

Крысы любят своих друзей и близких, часто вникают в чужие проблемы.

Способность Крысы к любви превосходит только ее озорство и привязанность к деньгам. Она никогда не беспокоится о том, что ей некого кормить, и позволяет своим родным и близким оставаться в ее доме и находить в нем поддержку, так как осторожность Крысы всегда позволит ей найти им работу, чтобы они могли заплатить за квартиру.

Крысы не умеют хранить секреты, а когда речь идет о доверии, они не очень честны, и, если им приходится использовать полученную информацию, они могут воспользоваться чужими промахами. Сдержанная в своих чувствах, Крыса, когда нервничает, становится дерзкой, а будучи такой динамичной и старательной, она не терпит лени и расточительства. К числу ее деструктивных аспектов относится то, что она доминирует над ними, исповедуя сплетни, порицая, проводя аналогии, ропща и соглашаясь.

Крысы иногда покупают ненужные им предметы и всегда обманываются скидками. В их голове и в их доме всегда будет накапливаться воспоминания и аффективный хлам. У них острый глаз на мелочи, большая запасливость и необычайная любознательность.

Они умеют бороться с трудностями и спокойно относятся к конфликтам. Они действуют ответственно и зрело, проницательны. Препятствием, с которым они часто сталкиваются, является жадность.

В жизни амбициозного Крыса должен произойти хотя бы один сложный экономический крах, чтобы он понял, что скупость не окупается,

Крысу привлекают люди знака окси, в которых она находит силу, уверенность и преданность, которую они предлагают.

Мощные Драконы также совместимы с Крысой. Змеи кажутся им умными и привлекательными, с ними они устанавливают выгодные партнерские отношения. Поскольку авторитет и сияние гипнотизируют, Крыса всегда попадет под непоколебимые чары

Обезьяны и сроднится с мастерством, с которым действует Обезьяна.

 Она всегда будет конфликтовать со знаком Лошади, слишком автономным для Крысы. Неразумны и отношения с Петухом - его идеализм усугубляет материалистическое чувство Крысы.

Его отношения с Козой фатальны, потому что своим счастьем он растратит сбережения, собранные в результате деятельности Крысы.

Характеристика крысы в зависимости от ее элемента

Крыса

Лесная крыса

Лесные крысы бедны в детстве, но хорошо питаются и ухожены в среднем возрасте.

Мужчины могут вести свободную жизнь, но при этом испытывать некоторые неприятные переживания из-за проблем в семье, конфликтов с братьями и сестрами.

Женщины - образцовые и умные, как в профессии, так и в семейной жизни.

Деревянная Крыса не очень удачно складываются отношения с влиятельными людьми, хотя их очень почитают за чувство свободы, что приносит как положительные, так и отрицательные результаты. Негативные последствия заключаются в том, что они вряд ли получат повышение по службе.

 Положительный эффект заключается в том, что они смогут вести сбалансированную семейную жизнь, не беспокоясь о еде и одежде.

Они всегда хорошо ориентируются в нормативных документах, следуют традиционным образцам честности и порядочности, обладают потрясающим чувством коллективизма, хорошо ладят с окружающими, хотя иногда проецируют на них эгоистичный образ.

Они очаровательно относятся ко всем, кто встречается им на пути, и готовы служить и помогать другим, не требуя ничего взамен.

Они имеют устойчивые ценности и послушно используют тактику для достижения своих целей.

Они любят чувствовать себя защищенными, но часто испытывают приступы страха, поэтому каждый день своей жизни они напряженно работают.

Огненная крыса

Огненные крысы обладают огромной силой и смелостью, способной противостоять любым проблемам и обстоятельствам.

Они добры и верны своим друзьям, но чрезвычайно строги к себе. У них острый язык, поэтому они часто могут поставить других людей в неловкое положение. Они молчаливы, но когда могут говорить, то прямо выражают то, что знают.

Они глубоко привязаны к родителям, ласковы с братьями и сестрами, бесконечно дорожат своей семьей. Они готовы всю жизнь прилагать усилия для того, чтобы их близкие жили в благополучии.

Они слепо влюбляются и готовы ради своего партнера на все, не жалуясь, даже если любовь произвольна.

Огненная Крыса - творческий и энергичный человек, готовый довести до конца любой проект, особенно инновационный и привлекательный.

 Она обладает проницательным и удивительным мышлением, способна делать убедительные прогнозы и благодаря своим исследованиям всегда совершает великие открытия.

Их талант выживать в любой среде, находить правильные решения и ставить цели дает им уверенность в завтрашнем дне.

Если бы эта Крыса преодолела свою склонность к тяжбам и сплетням, то спокойная и постоянная жизнь была бы гарантирована.

Эта озорная и активная Крыса не прочь поучаствовать во всевозможных мероприятиях и с удовольствием борется за равноправие и здоровый образ жизни. Их привлекают исследования и модная одежда.

По характеру они откровенны и провокационны. Однако они самые дающие из всех Крыс.

Хотя они предприимчивы и альтруистичны, но не стремятся проявлять большую хитрость и, порой, драматизируют в споре за славу.

Земляная крыса

Земляные Крысы отличаются сердечностью, достоинством, терпимостью, скромностью и способностями. Они очень формальны на работе и всегда получают поддержку за свои хорошие связи.

Они обладают глубоко укоренившимся чувством собственного достоинства, иногда их новые друзья понимают их неправильно, однако впоследствии, когда ошибка проясняется, они трансформируются в стабильные дружеские отношения.

В своей профессии они должны больше учиться, чтобы получать преимущества. Они должны больше заботиться о своей семье, а не участвовать в многочисленных общественных мероприятиях - только так они смогут укрепить свои супружеские узы.

 Недостатки Крысы маскируются ее бесчисленными достоинствами, поэтому она пользуется уважением, признательностью и обожанием. Эта Крыса выберет более трудный, но безопасный путь.

Иногда неопределенность заставляет ее медлить с принятием решений, из-за чего она порой терпит крупные неудачи. Смелости и работоспособности Земляной Крысе не хватает.

Земляная Крыса рассудительна, счастье проживает дисциплинированно. Она уравновешена и неуязвима для ложных ожиданий.

Они всегда дипломатичны и верны друзьям, и их дружба длится долго. Эта Крыса обладает невероятной способностью к концентрации и привыкла старательно выполнять свою работу.

К недостаткам можно отнести то, что она иногда больше концентрируется на результате, считает, что все делает правильно, и не обращает внимания на других, особенно если торопится закончить работу и хочет, чтобы все было именно так, как она говорит.

Эта Крыса очень беспокойна, когда речь идет о ее популярности, но она ласкова и всегда помогает своим сородичам.

Он предъявляет большие материальные требования и всегда сравнивает свои доходы с доходами своих друзей. Она часто преувеличивает и амбициозно стремится к деньгам. Земляная Крыса не любит рисковать и по этой причине упускает хорошие возможности.

Металлическая крыса

Металлическая Крыса умна и ревнива, она всегда делает все наполовину. Они удивительно близки к своим родителям, братьям и сестрам, проницательны и тонко чувствующие.

Они обладают необычайно острым чувством совести, но никогда не признают своих недостатков. Они чрезмерно чувствительны и придают огромное значение своим субъективным переживаниям.

Эта Металлическая Крыса любит, чтобы ее видели другие. Они коммуникабельны и обладают врожденной способностью убеждать других, а их изящество маскирует зависть.

Они боготворят деньги, но не умеют их копить, как Крысы других стихий. Они были бы более успешны, если бы контролировали свой инстинкт собственника.

Металлическая Крыса очень искренняя и эксклюзивная. Она готова работать в любое время. Спорить с ней не стоит, так как ее критерии очень тверды.

Этот прототип Крыс идеалистичен, но эмоционален. Иногда они могут скрывать свои эмоции, проявляя приятность и вежливость. Они часто подозрительны и материалистичны, с трудом добиваются положительной оценки со стороны окружающих их людей.

Металлические Крысы - любители денег, но не скупые, им не интересно тратить огромные деньги на то, что они считают ценным и качественным.

Металлические крысы очень умело вкладывают деньги.

Дом Металлической Крысы всегда будет роскошно обставлен. Они часто обладают исключительным вкусом, ценят традиции и великолепие.

 Если эта Металлическая Крыса использует свои качества, то добьется популярности и любви окружающих.

Эта Металлическая Крыса будет упорно стремиться влиться в круги влиятельных людей.

Водяная крыса

Вода - олицетворение жизни и плодородия, но она же проявляется и в виде льда, от которого веет смертельным холодом.

Если флегматичная водная сторона Водяной Крысы преобладает, они становятся холодными и безжалостными. У них почти нет энтузиазма, потому что они расчетливы. В отношениях с другими людьми эта Крыса угрюма.

Рассудительный и спокойный характер Крыс этого типа позволяет им завоевывать дружбу близких людей. Замечательной способностью Крысы является ее умение успокоить любого обидчика и предотвратить опасные сценарии. Благодаря этому Крыса не боится и не проявляет агрессии.

Этих Крыс можно встретить в любой профессии, поскольку они не дрогнут перед проблемами и трудностями, которые могут встать на их пути. Они по-настоящему хладнокровны и защищают социальные интересы общества наряду с собственными интересами и мотивами.

Водяные крысы должны научиться быстрее принимать решения, поскольку только так можно разрушить ледяную стену, которой они часто защищают себя. Поэтому борьба за то, чтобы показать другим их истинную сущность, — это то, что заслуживает усилий. Кроме того, ваша серьезность, точность и ясность легко убедят в том, что вы изменились.

Талант и острая врожденная сосредоточенность, а также

восторженное стремление к проницательности делают представителей этой линии Крыс наиболее проницательными среди других индивидуумов.

Общие прогнозы на 2024 год

Крыса

В 2024 году у Крысы будут особенно хорошие перспективы в профессии, так как она может приносить прибыль. Если у Вас стабильная работа, то Вы будете получать хороший доход и получите возможность повышения зарплаты. Если вам предлагают сменить работу, то следует хорошо подумать, прежде чем принимать решение. Понаблюдайте и проанализируйте, прежде чем сделать какой-либо шаг. Если интуиция подсказывает, что новая работа поможет

Вам в достижении карьерных целей,
примите вызов.

В 2024 году Крыса имеет хорошие шансы
на продвижение по службе, поскольку
годы Дракона всегда предлагают много
финансовых и профессиональных
возможностей.

Поскольку Крысы очень изобретательны,
они смогут заработать дополнительные
деньги и установить контакты с
влиятельными людьми. Деловые поездки
и учеба могут принести плоды этому
трудолюбивому знаку.

Для самозанятых крыс или
предпринимателей упорный труд и
стратегические идеи могут принести свои
плоды, помогая им развивать свой
бизнес.

Год Дракона связан с расширением
контактов и установлением ценных
связей. Крысы смогут наладить контакты
с влиятельными людьми и установить

выгодные партнерские отношения, которые откроют перед ними новые возможности.

Им следует быть невероятно осторожными с неискренностью коллег, если у них возникнут споры или юридические проблемы, вы можете проиграть судебный процесс.

Лучше избегать конфликтов, чтобы избежать неприятных сюрпризов.

Будут периоды, когда вы будете зарабатывать много денег, однако следует быть осторожным с импульсивными тратами и не вкладывать деньги без изучения рынка.

Энергии Деревянного Дракона необычайно сильны и могут принести трудности. Крысы могут испытывать повышенный стресс, поэтому важно сохранять равновесие. В 2024 году Крысы переживут личностную трансформацию, которая приведет их к более глубокому пониманию своего жизненного предназначения.

В любви перспективы будут благоприятными, у Вас много возможностей для общения и установления новых отношений. В рабочем кругу, если Вы одиноки, есть вероятность найти свою вторую половинку.

Крысы смогут наслаждаться стабильной личной жизнью, независимо от того, есть ли у них постоянный партнер или нет. Те, кто уже помолвлен, могут принять решение о расширении семьи.

Следует обратить внимание на состояние почек и мочевыделительной системы. Очень важно находить время для физических упражнений, больше гулять на свежем воздухе, ходить пешком, бегать трусцой или ездить на велосипеде.

Для улучшения здоровья необходимо использовать солнечный свет. Важнейшим источником витамина D является солнечное облучение.

Для повышения уровня витамина D в организме необходимо ежедневно в течение 5–10 минут освещать лицо и руки солнечными лучами.

В этот год Дракона следует носить браслеты или браслеты из жемчуга.

Амулет с фигуркой Дракона или куранты с кристаллами "Фэн-шуй удачи" следует поместить на юго-востоке дома или в семейной зоне спальни, кабинета.

Не забудьте украсить свой дом зелеными растениями, натуральными цветами разнообразных расцветок, фотографиями, картинами или изображениями, характеризующими пейзажи и сады.

Также следует использовать деревянные украшения и не размещать фотографии умерших членов семьи рядом с текущими семейными фотографиями, так как вибрации этих фотографий несут боль и отнимают у вас энергию.

Китайский Новый год имеет множество традиций, связанных с прощанием со старым и началом нового. Одна из традиций, которую мы рекомендуем соблюдать, - не готовить на домашней кухне в первый день китайского Нового года по лунному календарю, так как доставать острые инструменты, например ножи, привлекает дурную примету. Это может лишить удачи на весь оставшийся год.

Первые 15 дней празднуется китайский Новый год, и, хотя иногда на это действительно не хватает времени, желательно подготовиться заранее.

Если вы успеете подготовиться заранее, это поможет вам привлечь благополучие. В этом году за два дня до наступления китайского Нового года, т. е. в четверг, 8 февраля 2024 г., начните делать глубокую уборку в своем доме. Не забывайте, что уборка в первый день Нового года считается плохой приметой, так как вы выметете всю свою удачу через парадную дверь.

В ночь перед китайским Новым годом, в пятницу, 9 февраля 2024 года, спланируйте и запишите все свои цели на год, если вы не сделали этого 1 января.

Запишите абсолютно все свои желания после Новолуния в пятницу 02.09.2024 в 5:58 вечера по восточному времени. Какие цели Вы хотите достичь в своей профессиональной деятельности, в сфере финансов, в любовной и семейной жизни? Напишите список для каждой сферы вашей жизни, которую вы хотите улучшить.

Если у вас есть возможность приобрести деревянный сундучок, то это будет идеальным вариантом, так как внутрь можно положить список желаний вместе с пиритовым кварцем и цитрином, известными как камни, привлекающие процветание и изобилие.

В сундук следует положить три китайские монеты, поскольку они являются традиционными символами изобилия.

Все, что вы положите в этот ларец, будет защищать ваши желания и усиливать энергию процветания.

Хранить этот сундучок следует в специальном и безопасном месте, лучше на возвышенности, так как в этом случае вы сможете привлекать положительные энергии, находясь на видном месте.

Не забудьте надеть новую одежду, потому что она символизирует новые энергии, которые вы хотите привлечь в свою жизнь. Вам следует надеть какие-нибудь детали красного цвета.

В частности, в Новый год постарайтесь не расстраиваться, по возможности возьмите выходной, чтобы не волноваться из-за пробок и забот.

Не забудьте сходить на рынок и купить пакет апельсинов, так как это символизирует приход благополучия в ваш дом в новом году.

Советы на 2024 год

Этот год благоприятен для личностного роста, поэтому следует использовать открывающиеся возможности и не только развивать свои навыки, но и осваивать новые.

Все, что вы делаете в 2024 году, — это инвестиции в ваше будущее. Это будет очень напряженный год, но его энергия обнадеживает, потому что год Дракона даст вам возможность добиться успеха. Однако для того, чтобы получить выгоду, необходимо изучить все имеющиеся варианты и проанализировать все возможности.

Вы должны быть внимательны и готовы выслушать все советы и помощь. При наличии силы воли и инициативы перед вами откроются новые двери.

В этот год Дракона предстоит многому научиться, но если вы примете вызов, то сможете не только продвинуться в своей профессии и увеличить доход, но и приобрести ценный опыт.

В год Дракона вы не только получите большую финансовую выгоду, но и, благодаря своей предприимчивости, найдете хобби, которое принесет вам благополучие.

Однако необходимо соблюдать дисциплину в расходовании средств и тщательно составлять бюджет, особенно если вы участвуете в исключительно крупных сделках.

Если в течение года вам придется подписывать контракты или заключать важные соглашения, необходимо проверить условия и все последствия.

Чтобы добиться наилучших результатов, необходимо вести сбалансированный образ жизни, заниматься спортом, соблюдать режим сна и правильно питаться. Вам будет полезно завести новых друзей.

В год Дракона жизнь может вести себя загадочно и притягивать удачные события, которые откроют перед вами множество возможностей. Шанс играет ключевую роль в вашей жизни в этом году, трансформируя ваше экономическое положение. После мая будет наблюдаться повышенная социальная активность, и Вы сможете получить массу удовольствия.

Это будет плодотворный год, в котором предстоит принимать решения, совершать покупки и наслаждаться удовольствиями. Те, у кого есть партнер, поймут, что, объединившись, они добиваются больших успехов.

Это год, когда способность воспринимать возможности принесет много пользы, Год Дракона обладает огромным потенциалом, поэтому будьте открыты для возможностей и готовы к переменам и адаптации. Год Дракона вознаградит предпринимателей.

Это год возможностей для Крысы. Крысы, которые были разочарованы своим прогрессом. В год Дракона появятся возможности, на которые они рассчитывали, а Крысы, которые уже состоялись в работе, получат шанс поднять свою профессию на новый уровень, получив повышение или взяв на себя специализированные задачи, или получив возможность использовать свои навыки в других целях.

Все, что происходит в течение года, может стать интересным изменением для

Крысы и дать ей тот стимул, которого ей, возможно, не хватало в последние годы. Крысам, которые чувствуют себя ограниченными на своем месте, следует изучить больше возможностей, ведь это год действий, и благодаря своей изобретательности им удастся найти идеальную работу.

Крыса знает, что им есть что предложить, и, проявив терпение, уверенность в себе и целеустремленность, они добьются успеха.

Сочетание знаков Зодиака с китайским гороскопом

Если объединить восточные и западные гороскопы, то поразительно, насколько они связаны и точны.

Китайский и западный гороскопы являются наиболее используемыми гороскопами. Если у вас есть возможность глубоко разобраться в них, то это облегчит вам их использование и централизованный подход.

Оба гороскопа основаны на положении звезд, но в китайском гороскопе используется 28 созвездий, а в западном - 88.

Оба варианта совпадают в том, что имеют 12 основных сегментов. Китайский гороскоп основан на 12 животных, управляющих каждым годом, а западный гороскоп - на 12 знаках, управляющих каждым месяцем.

Китайский гороскоп основан на лунном календаре и является самым древним из известных на сегодняшний день гороскопов. Ваш знак зодиака совпадает с вашим знаком в китайском гороскопе, но это случается нечасто. Если бы это было так, то предсказания были бы более точными.

Между знаками обоих гороскопов существует эквивалентность:

Овен/Дракон.

Телец/Серпент.

Близнецы/Лошадь.

Рак/Коза.

Лев / Обезьяна.

Дева/Петух.

Весы / Собака.

Скорпион / Свинья.

Стрелец / Крыса.

Козерог/А вол.

Водолей / Тигр.

Рыбы / Кролик.

Комбинации

Крыса

Овен/Крыса

Сочетание этих знаков приводит к формированию личности, уникальной для их натур. Одержимость и страсть Овна сдерживается осторожностью и восприятием Крысы.

Человек с таким сочетанием проницателен, проницателен и приветлив. У него всегда есть стратегии выхода из любой ситуации, и его почти не удивляют жизненные препятствия.

Он не трус и любит трудности, которые с легкостью преодолевает. Этот человек достоин восхищения, потому что умеет импровизировать в любых обстоятельствах, рассчитывая на стальную волю.

Телец/Крыса

Сочетание этих двух знаков Тельца и Крысы благоприятно, они хорошие друзья, и оптимизм у них до небес. Они очень честны и приветливы, отличаются тактом в разговоре.

Уверенность Тельца в сочетании с раздражительностью Крысы - прекрасная комбинация, так как это приводит к уникальному магнетизму. Они очень бережливы и всегда стоят на ногах. Их личность полна энтузиазма, и они умеют быть верными.

Близнецы /Крыса

При смешении этих двух знаков получаются очень жизнерадостные люди, так как они любят приключения и риск. Они всегда любят быть занятыми и не тратят время на пустяки. Они легко приспосабливаются к любой обстановке и не любят оставаться в одиночестве.

Жизнелюбие Крысы в сочетании с разносторонностью Близнецов приводит к тому, что это очень любопытный человек. Иногда они не доводят свои цели до конца, потому что вкладывают слишком много энергии в начало плана.

Рак/крыса

Сочетание этих двух знаков Рак/Крыса приводит к тому, что человек становится слишком чувствительным, у него всегда есть мечты и цели. Они очень избирательны в своих дружеских отношениях, но обладают хорошим чувством юмора.

Их ум очень проницателен, остер и наблюдателен, они тонко подмечают все детали в любой ситуации. Обладая такой сильной интуицией, они всегда принимают правильные решения. Они хорошо знают, как достичь поставленных целей, потому что никогда не ставят перед собой невыполнимых задач. Несмотря на то, что они мечтатели, они всегда придерживаются своих идей.

Лев/Крыса

Смешение этих двух знаков Лев/Крыса приводит к тому, что человек очень эгоцентричен и всегда должен доказывать, что он лучший. Они любят занимать властные позиции и из кожи вон лезут, чтобы продемонстрировать свой авторитет.

Иногда загадочная Крыса заставляет Льва быть отшельником и вести себя тихо. Это очень противоречивое сочетание. Часто Крыса/Лев невероятно знамениты, и их фигура никогда не остается незамеченной. Всех привлекает харизма и желание быть рядом с этим человеком.

Дева/Крыса

Смешение этих двух знаков характерно для мужественных людей, страстно верящих в свою простоту. Они не тревожны, проницательны, вежливы, умеренны в выражении своих эмоций.

Они очень элегантны и тщательно следят за своим внешним видом. Они непримиримо относятся к ошибкам других и не любят людей, не стремящихся к достижению своих целей.

Весы /Крыса

В результате сочетания Весов и Крысы получаются очень приятные, мягкие люди. Их поведение отличается вежливостью, они очень тактичны в обращении с окружающими.

Им можно доверять, потому что они никогда не подведут. Тактичность Весов в сочетании с привлекательностью Крысы придают этим людям особую харизму.

Это обаятельные люди, которые неизменно привлекают к себе внимание. Общение с такими людьми всегда оставляет очень приятные впечатления. Они очень рассудительны и практичны; благодаря своей мудрости они дадут вам наилучший совет.

Скорпион/Крыса

В результате такого сочетания получаются мужественные люди, вызывающие уважение. Скорпион - очень манипулятивный и контролирующий знак, но, обладая мудростью Крысы, они несокрушимы перед лицом любого противостоящего врага. У них безошибочный нюх на то, кто есть кто, они обладают несгибаемой волей, и для них слова "невозможно" не существует в словаре.

Они всегда действуют очень быстро, поскольку обладают правом принятия решений и не тратят время на ненужные вещи.

Стрелец/Крыса

Сочетание Стрельца и Крысы приводит к появлению людей, обладающих большой энергией и жизненной силой, но торопящих жизнь. Это люди, которым 24 часа в сутках недостаточно для достижения всех своих целей. Они всегда счастливы и никогда ни на что не жалуются. Непостоянство Стрельца усиливает трудолюбие Крысы, вызывая у нее отвращение к рутине.

Они чрезмерно оптимистичны и твердо стоят на своем. Они используют свои рассуждения для решения проблем и могут дать наилучший совет.

Козерог/Крыса
Сочетание Козерог/Крыса приводит к тому, что человек умеет заботиться о своем престиже и никогда не ввязывается в сплетни.

Они обладают большим чувством собственного достоинства и всегда стремятся произвести нужное впечатление. Спокойствие Козерога полностью компенсирует импульсивность Крысы. Они трезво оценивают ситуацию и умеют контролировать свои эмоции. Они вежливы, интеллигентны и умеют вести себя в любой социальной среде.

Водолей/Крыса

Сочетание Водолея и Крысы приводит к появлению людей с невероятным воображением, которым никогда не бывает скучно. Экстравагантность Водолея в сочетании с осторожностью Крысы дает весьма своеобразный темперамент. Эти люди, хотя и дружелюбны, но иногда упрямы. Это вечные любовники и защитники своей свободы, проницательные и обладающие высоким творческим потенциалом.

Рыбы/Крыса

В результате такого сочетания получаются беспокойные и чувствительные люди. Крыса наделяет их способностью рационально использовать свой ум, и они не падают духом перед трудностями. Хотя у этих людей иногда бывают кризисные моменты, когда они становятся ранимыми, они дружелюбны и даже замкнуты. Они очень восприимчивы и действуют осторожно, чтобы не совершить неосторожность. Они не терпят лени и несправедливости.

Ритуал начала китайского Нового года 2024

Китайский Новый год следует встречать с радостью, музыкой и великолепной семейной трапезой. Это время празднования и сосредоточения на удаче и процветании в наступающем году. Следует надеть новую одежду, так как она символизирует новое начало.

Для этого дня хорошо подходит резонирующий цвет, например красный, который символизирует гармонию, удачу и благополучие. Избегайте носить белый или черный цвет в новогоднюю ночь, так как в этих цветах обычно ходят на похороны.

Проведение уборки для подготовки к китайскому Новому году в виде ритуала является полезным. Такая уборка призвана отогнать злых духов, которые могут прятаться в углах дома. Обычно при этом меняют мебель или переставляют ее, подкрашивают краску в доме, ремонтируют поврежденное, моют окна обильным количеством воды.

Ритуал энергетического очищения

Вечером того же дня, перед началом года, следует сделать уборку в доме, открыть все окна для проветривания и расставить белые и красные цветы во всех местах общего пользования.

Конкретно у входа следует разместить благовония корицы, сандала, эвкалипта, лаванды или сжечь лавровые листья.

Лавр - растение, способное защищать, очищать и исцелять. Еще один способ привлечь в дом положительные энергии - сочетание корицы с лавровыми листьями. Сожгите лавровые листья и посыпьте их порошком корицы. Когда эта смесь будет зажжена, распустите дым по всем комнатам дома.

Необходимо хорошо окурить дом. Окуривание — это действие по созданию дыма, с помощью благовоний, для ароматизации окружающей среды, а также использование его в качестве инструмента очищения и уборки.

Их особенность заключается в том, что они источают приятный аромат, которому приписываются расслабляющие свойства. Многие люди используют благовония для изменения энергетических вибраций своего дома.

Если у вас есть благовония, которые вы собираетесь передавать по всему дому, не забывайте делать круговые движения вправо.

Если вы намерены очистить личный участок, то начинать следует с собственного тела, начиная с ног и заканчивая головой, а затем возвращаться к сердцу, делая при этом легкие круги.

Поскольку это год Зеленого Деревянного Дракона, желательно иметь в своем доме пару деревянных драконов. Если у вас нет такой возможности, можно символизировать его изображениями, портретами или фигурками.

Еще одна рекомендация для 2024 года - покрасить некоторые стены дома в зеленый цвет. Этот цвет символизирует процветание в этом году.

Не перенасыщайте свой дом зеленым цветом, не забывайте соблюдать баланс. Если вы переборщите с зеленым цветом, то привлечете в свою жизнь стресс.

Альтернатива или вариант - носить его с собой, в виде браслета, серег-подвески, маятника, шпалы, на кольце, брелоке или талисмане в кармане или сумочке, это сформирует ассоциацию богатства, укрытия и удачи в вашей жизни, доме или офисе.

Если вы сможете приобрести некоторые растения, такие как лаванда, рута или денежное растение, которые обладают способностью генерировать изобилие, а также способностью уходить и транс мутировать плохие вибрации, то вы не пожалеете об этом.

Поскольку вода является элементом, дополняющим дерево, фонтан у входа в ваш дом будет привлекать процветание.

 Не забывайте, что вода должна течь внутрь. Разместив фонтан в зоне богатства дома, с левой стороны, сзади, если смотреть от входной двери, вы получите много материальных выгод.

Наряду с зеленым, красный цвет является счастливым для 2024 года, его следует использовать в своем доме, чтобы активизировать энергию удачи. Вы можете носить красный цвет на одежде или с каким-либо другим предметом, например шарфом, шапкой или браслетом, чтобы привлечь деньги.

Об авторе

Помимо астрологических знаний, Алина А. Руби имеет богатое профессиональное образование: она имеет сертификаты по психологии, гипнозу, Рейки, биоэнергетическому кристаллическому целительству, ангельскому целительству, толкованию снов и является духовным инструктором.

Владеет знаниями в области геммологи, с помощью которых программирует камни или минералы и превращает их в мощные амулеты или талисманы защиты.

Руби обладает практическим и целеустремленным характером, что позволило ей иметь особое, интегративное видение нескольких миров, способствующее решению конкретных задач.

Алина пишет ежемесячные гороскопы для сайта Американской ассоциации астрологов; их можно прочитать на сайте www.astrologers.com. В настоящее время она ведет еженедельную колонку в газете El Nuevo Herald на духовные темы, которая выходит каждую пятницу в цифровом виде и по понедельникам в печатном. Также ведет программу и еженедельный Гороскоп на YouTube-канале этой газеты. Ее астрологический ежегодник ежегодно публикуется в газете "Diario las Américas" под рубрикой Rubi Astrologa.

Руби является автором нескольких статей по астрологии для ежемесячного издания "Today's Astrologer", ведет занятия по астрологии, Таро, чтению по ладони, исцелению кристаллами и эзотерике.

На YouTube-канале "Нового Вестника" она еженедельно выпускает видеоролики на астрологические темы. Она вела собственную астрологическую программу на телеканале "Фламинго", давала интервью нескольким теле- и радиопрограммам, ежегодно выпускает "Астрологический ежегодник" с гороскопом по знакам и другими интересными мистическими темами.

Она является автором книг "Рис и бобы для души", часть I, II и III, сборника эзотерических статей, изданных на английском и испанском языках, "Деньги для всех карманов", "Любовь для всех сердец", "Здоровье для всех тел", "Астрологический ежегодник 2021", "Гороскоп 2022", "Ритуалы и заклинания для успеха в 2022 году "Заклинания и секреты", "Астрологические классы", "Ритуалы и чары 2024" и "Китайский гороскоп 2024" - все на семи языках.

У нее есть свой канал на YouTube с темами по психологии, эзотерике и астрологии, где можно посмотреть видео о родственных душах, реинкарнации, языке тела, астральных путешествиях, сглазе, заклинаниях и многом другом.

Руби свободно владеет английским и испанским языками и сочетает в своих выступлениях все свои таланты и знания. В настоящее время она проживает в Майами, штат Флорида.

Более подробную информацию можно получить на сайте www.esoterismomagia.com.

Ангелина А. Рубина - дочь Алины Рубиной. С детства интересовалась всеми эзотерическими предметами, с четырех лет занималась астрологией и каббалой.

Обладает знаниями в области Таро, Рейки и геммологи. Она является не только автором, но и редактором всех книг, изданных ею и ее матерью.

За дополнительной информацией обращайтесь к ней по электронной почте: rubiediciones29@gmail.com.